*Série de livres illustrés classiques
sur les groupes ethniques du Yunnan*

La légende de la fête des flambeaux

Sunshine Orange Studio

Traduit par Agnès Belotel-Grenié

Books Beyond Boundaries

ROYAL COLLINS

La légende de la fête des flambeaux

Sunshine Orange Studio
Traduit par Agnès Belotel-Grenié

Première édition française 2023
Par le groupe Royal Collins Publishing Group Inc.
BKM Royalcollins Publishers Private Limited
www.royalcollins.com

Siège social : 550-555 boul. René-Lévesque O Montréal (Québec) H2Z1B1 Canada
Bureau indien : 805 Hemkunt House, 8th Floor, Rajendra Place, New Delhi 110 008

ISBN : 978-1-4878-1191-4

Il y a très, très longtemps, il y avait un dieu nommé Sire Abi. Sa force était telle qu'il pouvait déplacer les montagnes et il était plus fort que tous les autres dieux, ce dont il était très fier.

Dans le monde des humains, il y avait aussi un homme né avec une force extrême. Il s'appelait Atilaba, et il utilisait souvent sa force pour aider les autres, c'est ainsi qu'il gagna l'amour et les louanges de ceux qui l'entouraient.

Sire Abi entendit parler de la force inhabituelle et des grandes capacités d'Atilaba. Il décida donc de descendre du Ciel. Il voulait lutter contre Atilaba pour se mesurer à celui-ci.

Après avoir entendu le défi lancé par le dieu, Atilaba élabora un plan pour battre Sire Abi. Alors qu'Atilaba était pressé de partir, il dit à sa mère : « Mère, un homme du Ciel doté d'une grande force va venir se mesurer à moi. S'il te plaît, prépare-lui un repas à base de morceaux de fer chaud. Dis-lui que c'est mon plat préféré et fais-lui goûter. » Sur ces mots, Atilaba quitta la maison.

Bientôt, Sire Abi arriva chez Atilaba. Comme son fils le lui avait demandé, la mère d'Atilaba offrit à Sire Abi un bol de morceaux de fer chaud.

Sire Abi mit un morceau de fer dans sa bouche, mais il ne put le mâcher. Il se dit : « Si Atilaba mange du fer, il doit être plus fort que moi ! » Avec cette pensée en tête, Sire Abi s'excusa pour partir et se dépêcha de retourner au Paradis.

Atilaba revint rapidement et sa mère lui raconta ce qu'il s'était passé. En entendant que Sire Abi ne pouvait pas mâcher le fer, il fut convaincu que Sire Abi n'était pas plus fort que lui. Il partit donc à sa recherche.

Au moment où Sire Abi retournait au Paradis,
Atilaba le rattrapa. Atilaba cria : « Ne pars pas !
Tu veux te battre contre moi, alors allons-y ! »

Les mots d'Atilaba mirent en colère l'arrogant Sire Abi. Il passa ses bras autour de la taille d'Atilaba, tentant de le jeter à terre. Mais Atilaba ne voulait pas laisser Sire Abi réussir. Il s'accroupit donc, stabilisa ses pieds, lui saisit les épaules et le poussa par terre.

Ils avaient tous deux une grande force et rugissaient bruyamment en piétinant le sol, faisant trembler les arbres et les montagnes.

En essayant de prendre Atilaba au dépourvu, Sire Abi attrapa soudain
Atilaba, tentant de le plaquer au sol. Atilaba trébucha et fut presque
plaqué au sol par Sire Abi.

Mais à la surprise de Sire Abi, Atilaba sauta dans les airs, fit un saut périlleux
en douceur, et atterrit finalement sur le dos de Sire Abi. Sire Abi était vaincu !
Mais il refusa d'accepter la défaite et voulut prendre sa revanche.

Cette fois, Atilaba posa ses pieds sur le sol et fléchit légèrement les jambes. Sire Abi utilisa toute sa force pour déséquilibrer Atilaba. Pourtant, les pieds d'Atilaba restaient ancrés au sol et son corps ne bougeait pas le moins du monde.

Soudain, Atilaba profita de l'insouciance de Sire Abi, lui saisit le bras et le projeta en l'air. Sire Abi atterrit un peu plus loin, le visage contre le sol. Sire Abi ne bougeait pas, alors Atilaba s'approcha prudemment pour jeter un coup d'œil. En s'approchant, il vit que Sire Abi était mort.

Les dieux étaient dans une grande rage quand ils virent Sire Abi se faire frapper à mort. Mais comme ils ne trouvaient pas le moyen de punir Atilaba directement, ils envoyèrent un essaim de criquets pour dévorer toutes les récoltes du peuple.

Tout cela s'est produit le 24e jour du sixième mois du calendrier lunaire et, ce soir-là, Atilaba coupa une branche d'un pin pour en faire un flambeau et conduisit les villageois pour chasser les criquets.

Les flambeaux brûlèrent pendant trois jours et trois nuits.
Finalement, le peuple chassa tous les criquets et sauva les récoltes.

Le peuple Yi se rassembla et se réjouit, chantant et dansant pour célébrer sa victoire.

Depuis lors, les Yi célèbrent la fête des flambeaux le 24e jour du sixième mois du calendrier lunaire. Pendant la fête, ils utilisent des silex pour allumer leurs flambeaux de manière traditionnelle et se rendent dans les champs pour prier pour une bonne récolte l'année suivante.